I0792358

This Book Belongs To:

THE MEMO

THE MEMO

THE MEMO

THE MEMO

THE MEMO

THE MEMO

THE MEMO

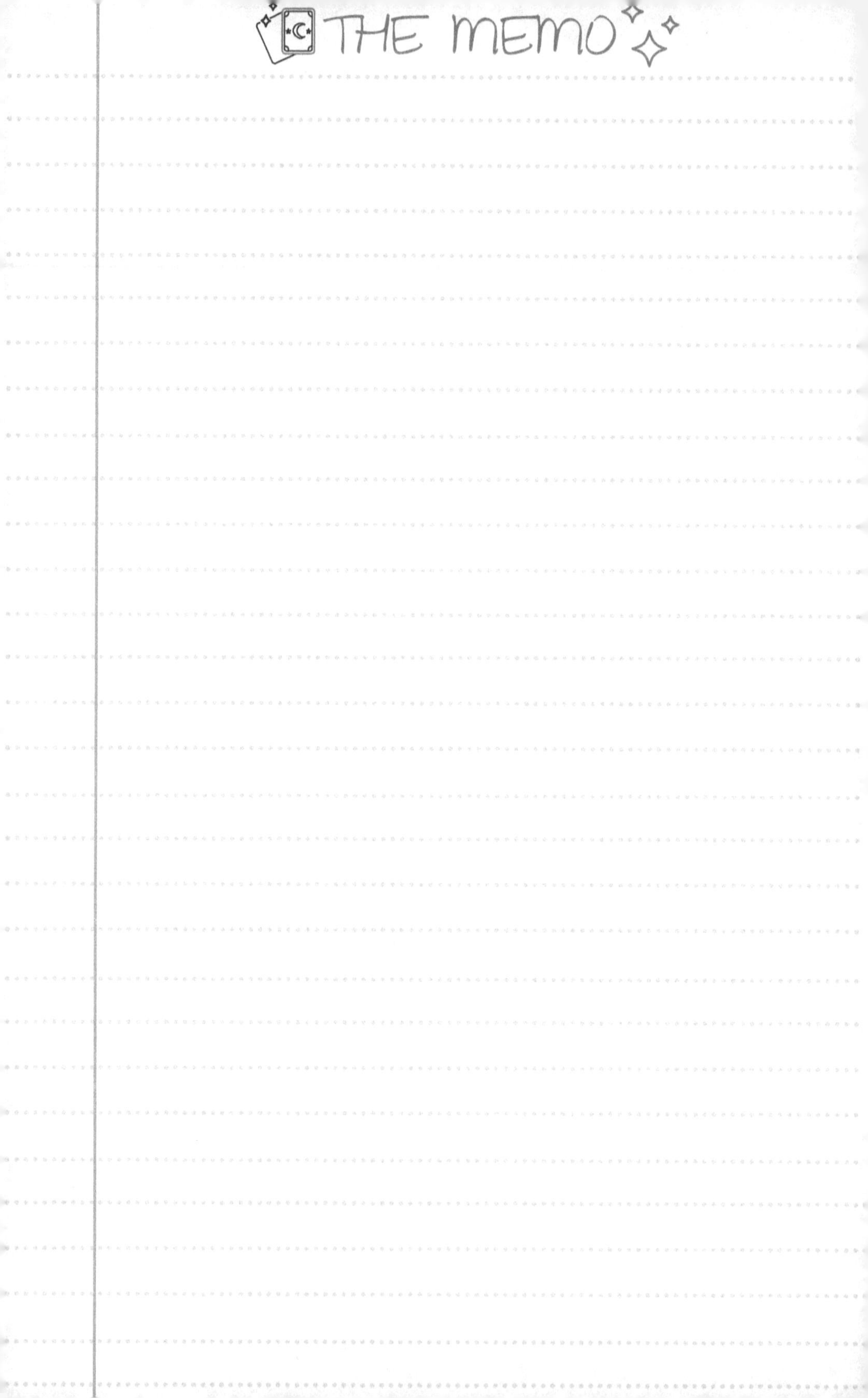
THE MEMO

THE MEMO

THE MEMO

THE MEMO

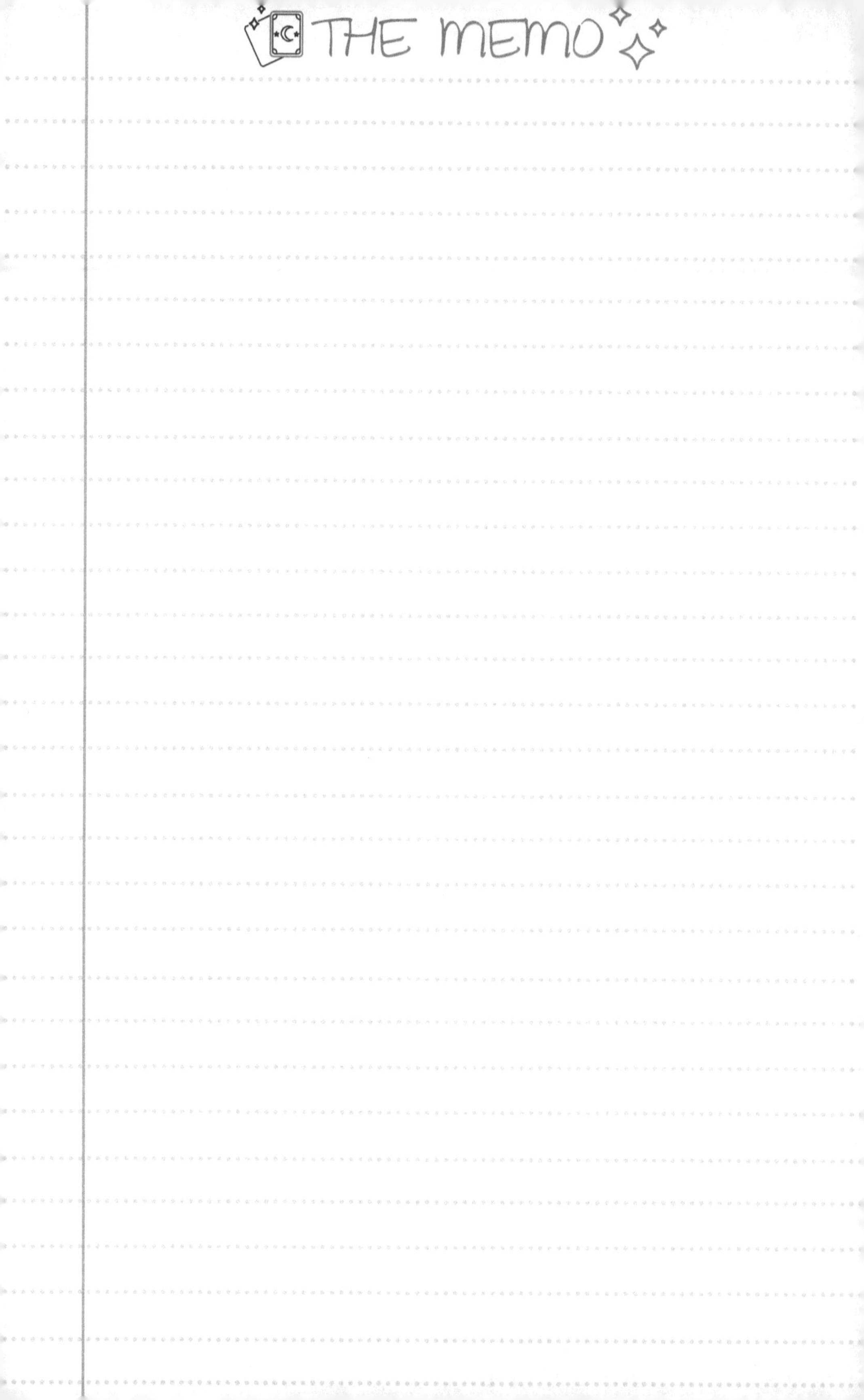
THE MEMO

THE MEMO

THE MEMO

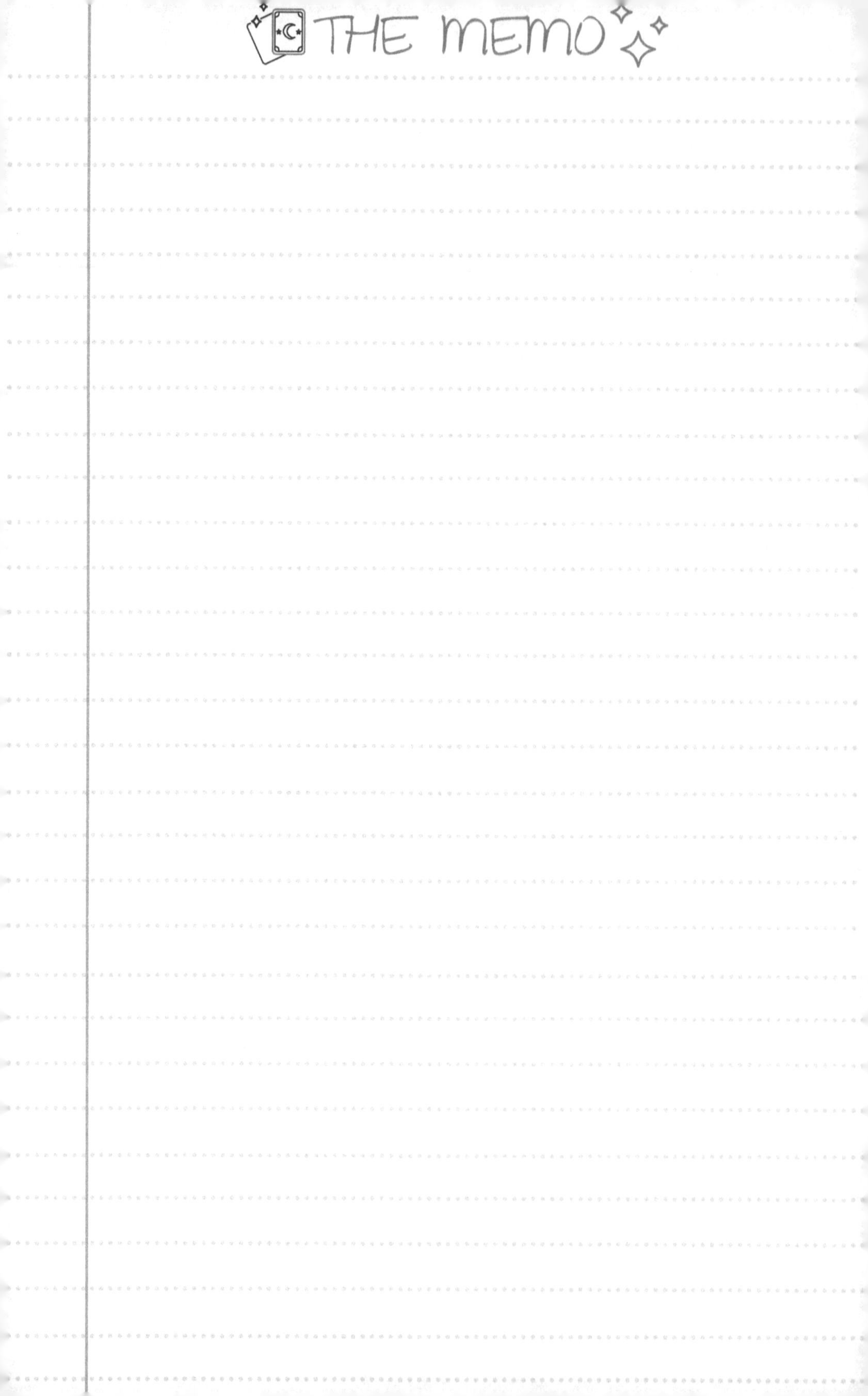
THE MEMO

THE MEMO

THE MEMO

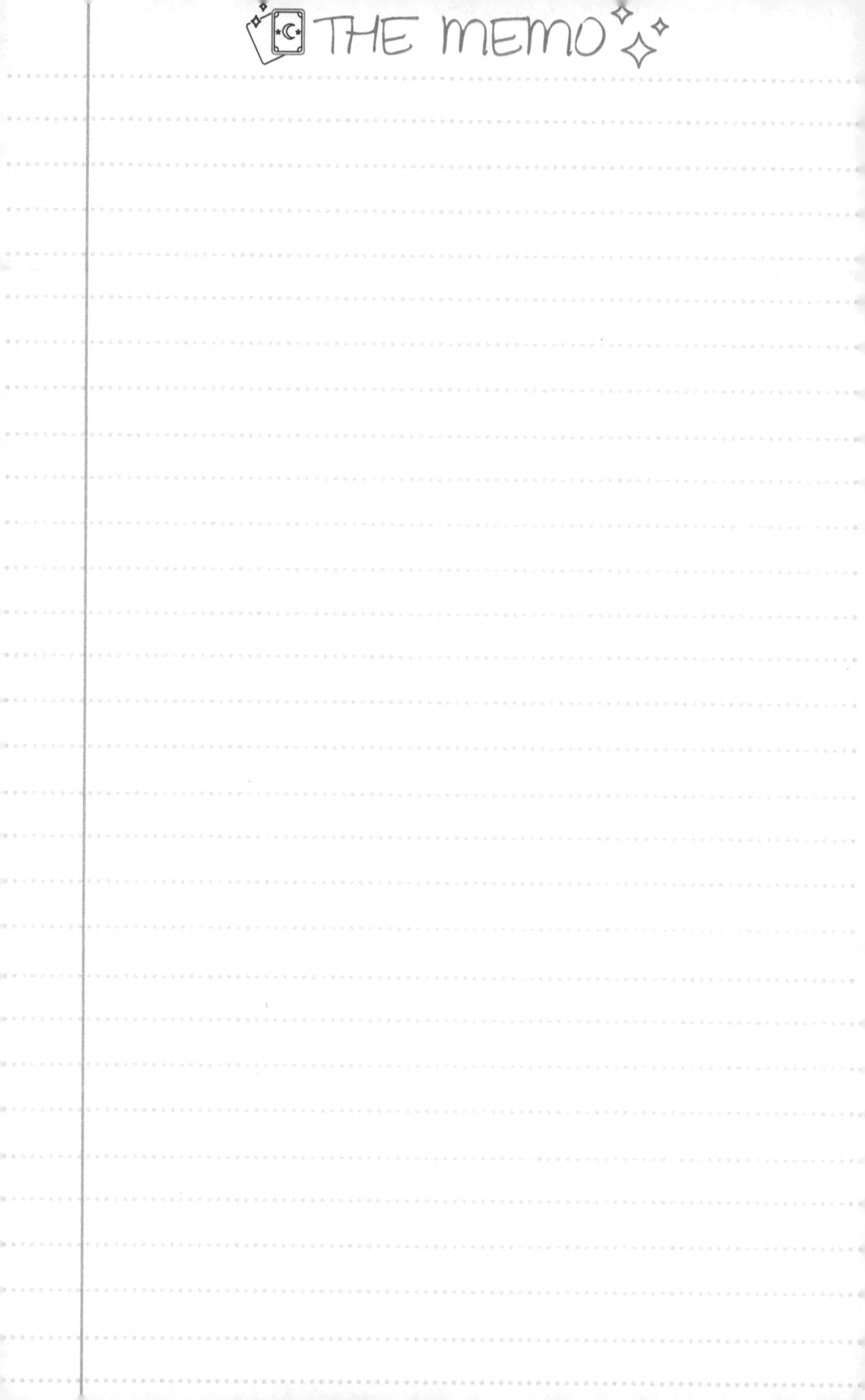
THE MEMO

THE MEMO

THE MEMO

☽ THE MEMO ✦

THE MEMO

THE MEMO

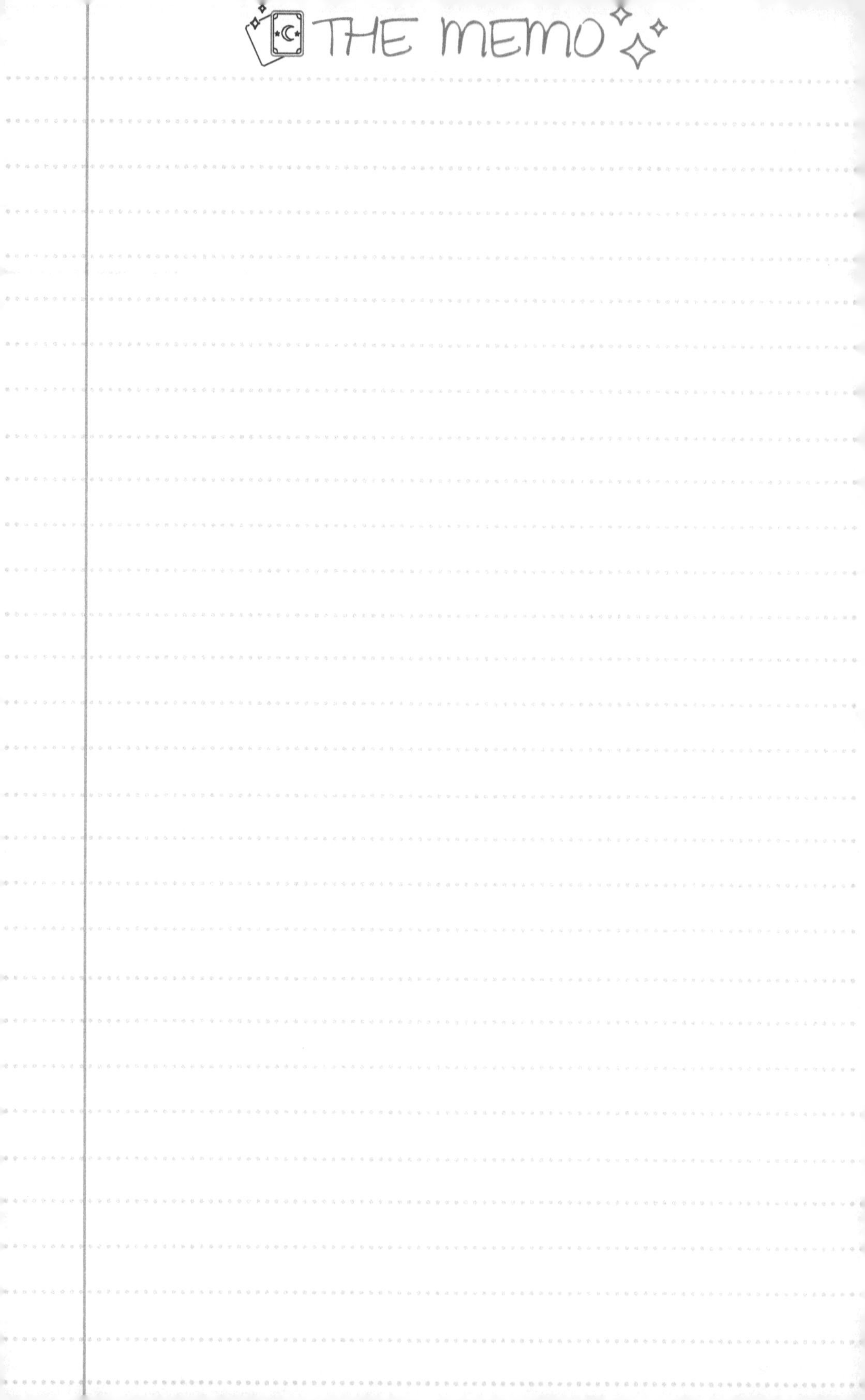
THE MEMO

THE MEMO

THE MEMO

THE MEMO

THE MEMO

THE MEMO

THE MEMO

THE MEMO

THE MEMO

THE MEMO

THE MEMO

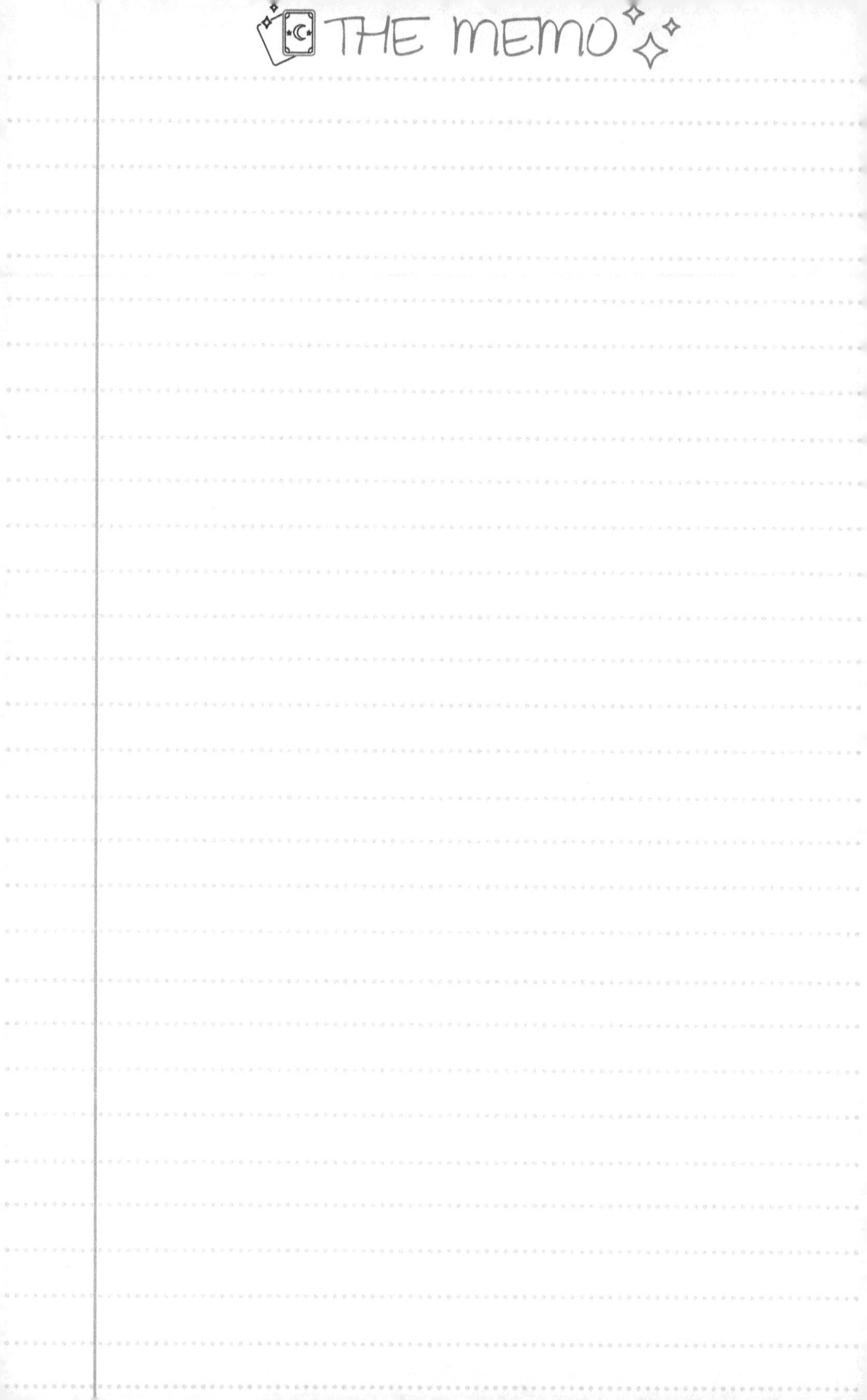

THE MEMO

THE MEMO

THE MEMO

# THE MEMO

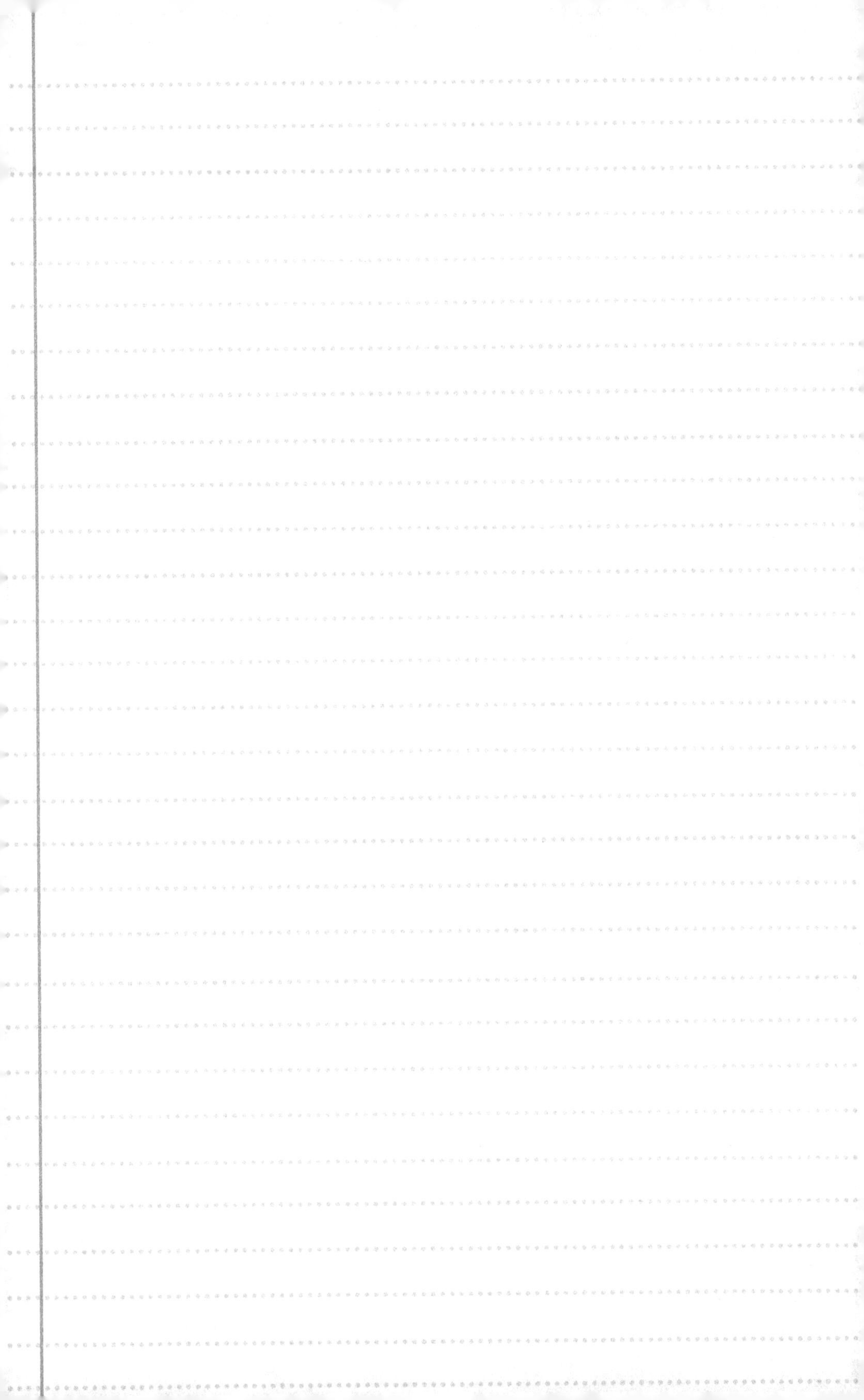

THE MEMO

THE MEMO

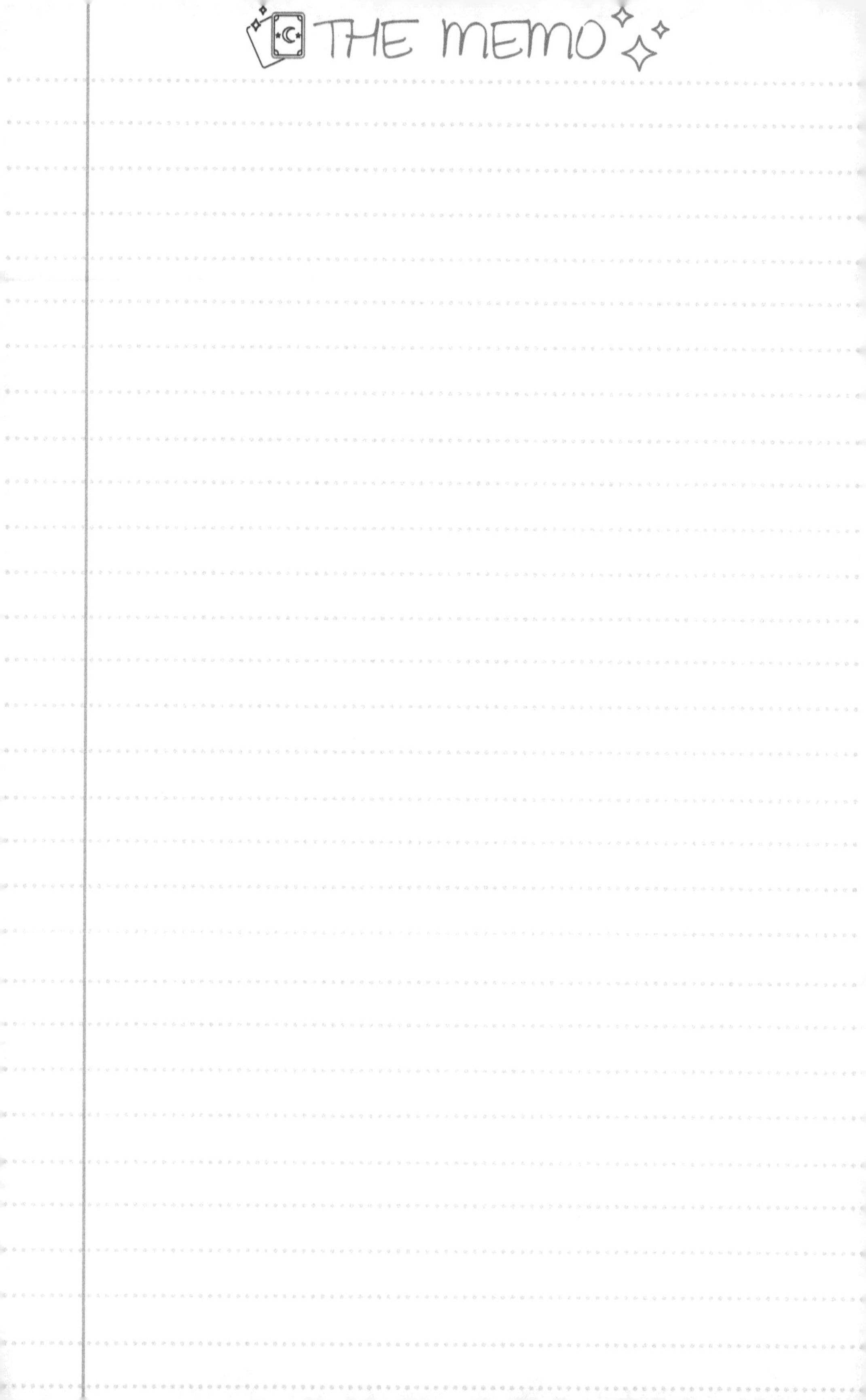
THE MEMO

THE MEMO

THE MEMO

THE MEMO

THE MEMO

THE MEMO

THE MEMO

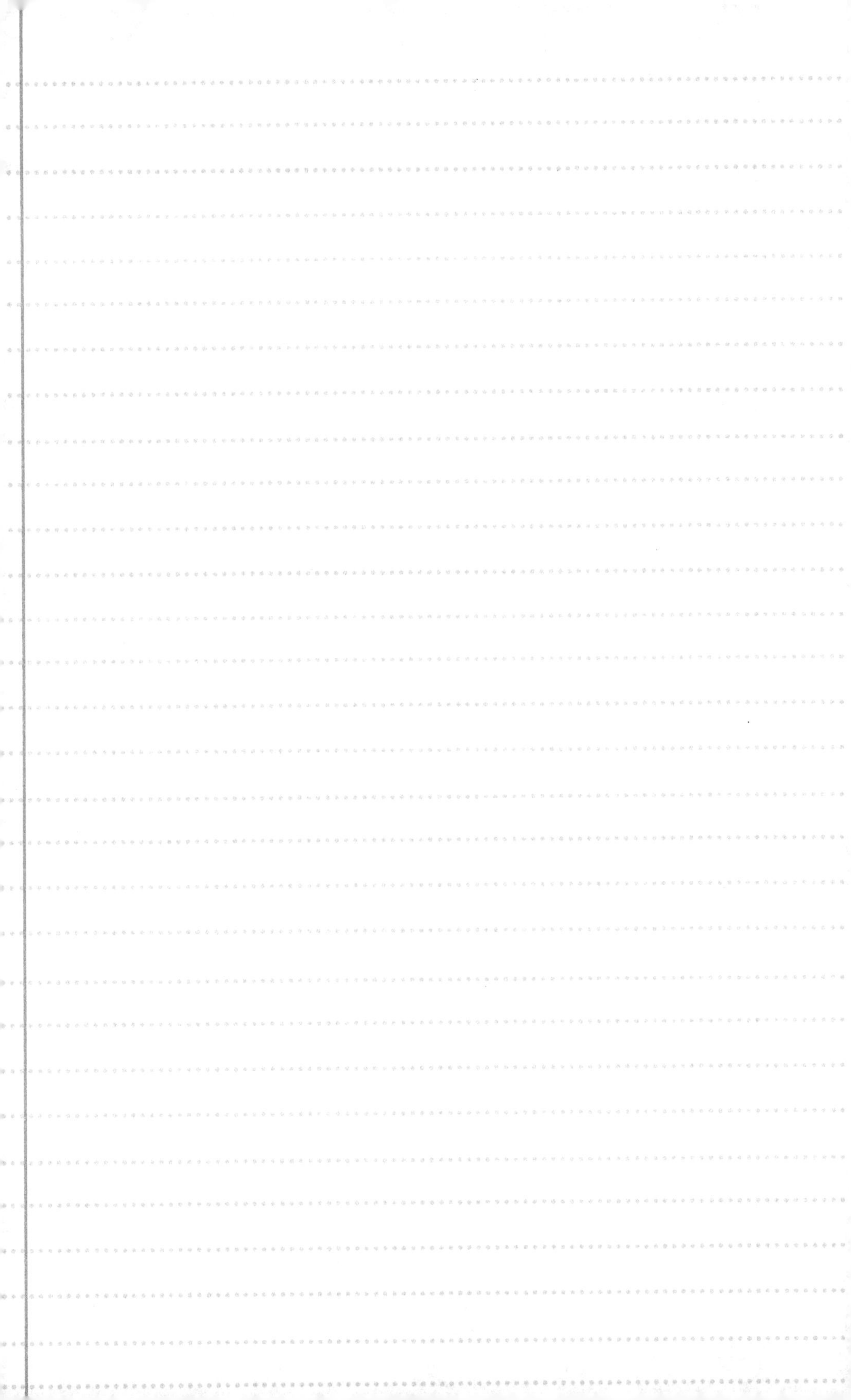

THE MEMO

THE MEMO

THE MEMO

THE MEMO

THE MEMO

THE MEMO

THE MEMO

THE MEMO

THE MEMO

THE MEMO